AF369699

ÉLOGE
DE M. LE CARDINAL
DE POLIGNAC.

Lû dans la séance publique de l'Académie Royale des Inscriptions & Belles-Lettres, le 3. Avril 1742.

Par M. DE BOZE.

MELCHIOR DE POLIGNAC, Cardinal-Prêtre du titre de Sainte Marie des Anges aux Termes, Archevêque d'Aufch, & Commandeur des Ordres du Roi, nâquit au Puy en Velai, le 11. Octobre 1661. & fut le second fils de Louis-Armand Vicomte de Polignac, & de Jacqueline du Roure sa troisiéme femme.

LA Maison DE POLIGNAC est trop connue pour prétendre rien ajoûter à l'idée qu'on en a : son origine se perd dans l'antiquité la plus reculée; & la possession immémoriale du lieu à qui elle a donné, ou dont elle a tiré son nom, rappelle celui d'*Autoctones* que les Athéniens se donnoient eux-mêmes, comme étant les enfans & les maîtres de la terre qui les portoit.

A

LE jeune MELCHIOR, tendrement aimé d'un oncle qui l'avoit tenu ſur les fonts de baptême, & qui étoit Abbé de Montebourg, fut deſtiné à l'Égliſe ; & dès qu'il eut reçu au Puy une premiere teinture des Lettres, il vint à Paris faire ſes Humanités au Collége des Jéſuites.

IL NE ſe ſouvenoit pas d'y avoir jamais donné priſe ſur lui pour avoir manqué à aucun de ſes devoirs. Une fois ſeulement, (c'étoit un jour de compoſition,) voyant M. ſon frere & un autre de ſes amis, gémiſſans ſur le thême dont ils ne pouvoient venir à bout, il eſſaya de leur en faire paſſer un à chacun dans le tuyau d'une plume qu'il paroiſſoit leur prêter. Le Régent ſe douta de quelque choſe, les plumes lui furent apportées, il en tira les thêmes communiqués, & les montrant à toute la claſſe, il promit d'en faire le lendemain une punition exemplaire ; mais le ſoir même ayant eu la curioſité de lire ces thêmes faits à la hâte, il les trouva ſi bons, ſi différens l'un de l'autre, & ſur-tout de celui de l'Abbé DE POLIGNAC, qui étoit le meilleur des trois, que le lendemain il ne ſe fit pas beaucoup prier pour pardonner une faute, dont il auroit voulu que tous ſes écoliers euſſent été capables.

APRE'S avoir fini ſa Rhétorique aux Jéſuites par des exercices brillans, M. l'Abbé DE POLIGNAC paſſa au Collége d'Harcourt pour y faire ſa Philoſophie.

L'Université étoit alors encore partagée
tre Ariſtote & Deſcartes ; les jeunes Profeſſeurs
nchoient vers le nouveau ſyſtême , les autres ſe
quoient d'une inviolable fidélité pour l'ancien, &
'eſt pas étonnant que celui d'Harcourt fût de ce
mbre ; il y avoit près de trente ans qu'il jouiſſoit
ne grande réputation. Mais elle n'impoſa point
on Diſciple ; il ſentit la beauté & les avantages du
ſtême de Deſcartes dans les objections mêmes
e l'on s'efforçoit de réſoudre ; & tout ce que lui
prirent les cahiers de ſon Profeſſeur, ce fut à bien
puter contre lui ; ce qui dans un ſens eſt une
ez bonne maniére d'apprendre.

CEPENDANT le tems de ſoutenir des Théſes
iva : le Profeſſeur ſouhaitoit que l'Abbé DE
OLIGNAC fît honneur à ſes leçons ; celui-ci au
ntraire, offroit de défendre publiquement le
ſtême de Deſcartes , ſans le ſecours d'aucun
éſident , & depuis long tems il n'y avoit eu une
faire de cette importance au Pays Latin. On l'ac-
ommoda enfin ; il fut décidé que l'Abbé DE Po-
GNAC ſoutiendroit les deux ſyſtêmes par deux
ctes ſéparés, & en deux jours différens, mais
ue celui d'Ariſtote, comme le plus reſpectable ,
roit ſoutenu le dernier, & fermeroit la barriére.

L'ABBÉ DE POLIGNAC ſe rendit ; il diſpoſa
i-même dans l'ordre qui lui parut le plus naturel ,
s principes de Deſcartes qui n'avoient encore ja-
ais été rédigés en forme de Thèſe ; & s'immolant

à celle que son Professeur avoit disposée en faveur d'Aristote, il enchanta tout son Auditoire dans la premiére, & les vieux Péripatéticiens sortirent très-contens de la seconde.

Il se distingua de même en Sorbonne; & il y achevoit son cours de Théologie, quand M. le Cardinal de Bouillon l'engagea à venir avec lui à Rome où il étoit obligé d'aller pour le Conclave où Alexandre VIII. fut élu.

Le nouveau Pape donna des marques si particuliéres de son estime à l'Abbé de Polignac, que M. le Duc de Chaulnes qui avoit été envoyé en même tems pour pacifier les différends qui s'étoient élevés, & qui avoient été poussés si loin sous le Pontificat d'Innocent XI. fit agréer au Roi que l'Abbé de Polignac entrât dans cette partie de la négociation qui regardoit les propositions du Clergé de 1682.

Ainsi devenu Ministre à l'âge de 27 à 28 ans, son coup d'essai fut de discuter les Libertés de l'Eglise Gallicane, & les intérêts de la Cour de Rome, avec un Souverain Pontife qui en avoit fait toute son étude pendant plus de cinquante ans avant son élévation. Il eut l'honneur de l'entretenir plusieurs fois; & le Saint Pere qui goutoit de plus en plus le caractère de son esprit, lui dit avec bonté dans une de leurs dernières conférences : *Vous paroissez toujours être de mon avis, & à la fin c'est le vôtre qui*

porte. En effet, les principaux articles de l'ac-
nmodement ayant été comme réglés, M. le
c de Chaulnes & M. le Cardinal de Bouillon
èrent à propos que l'Abbé DE POLIGNAC re-
fât en France, pour en rendre lui-même compte
Roi.

OUIS XIV. lui accorda une longue audience,
fortir de laquelle il dit : *Je viens d'entretenir un*
me, & un jeune homme, qui m'a toujours contredit,
s que j'aie pu m'en fâcher un moment. Il retourna
Rome avec de nouvelles instructions, & l'af-
e y fut sinon terminée, du moins assoupie com-
on le souhaitoit, avant la mort d'Alexandre
II.

ALORS il rentra avec M. le Cardinal de Bouil-
au Conclave où fut élu Innocent XII, & im-
diatement après il revint à la Cour. Les agré-
ns qu'il y trouva ne purent l'y retenir ; il leur
féra le séjour du Séminaire des Bons-Enfans,
ur se livrer suivant son goût, à l'étude des Belles-
ttres, des Sciences & de l'Histoire, en se for-
nt aux devoirs de son état. Mais l'opinion que
Roi avoit de ses talens, ne lui permit pas de les
nsacrer uniquement à cet usage ; il fut nommé
nbassadeur Extraordinaire en Pologne, & obligé
s'y rendre presque *incognito*, & par mer, parce
e la France étoit en guerre avec presque toutes
autres Puissances de l'Europe.

Le Batiment fur lequel on avoit embarqué fes équipages, fa vaiffelle, fes meubles, échoua aux côtes de Pruffe, & tout y fut pillé. Pour lui il arriva heureufement; & femblable aux Héros qui n'avoient befoin d'aucun appareil pour fe faire reconnoître, il fut accueilli par le Roi de Pologne avec une tendreffe & des diftinctions fans exemple: ce Prince voulut qu'il logeât dans fon propre Palais; bientôt il en fit fon ami de tous les momens & de toutes les heures; & ce goût fi facile à s'épuifer dans le cœur des Souverains, ne finit que par la mort du grand Sobieski.

La Pologne en proie aux divifions qui ont coutume de l'agiter quand il faut qu'elle fe choififfe un Maître, ouvrit un vafte champ aux vûes de l'Abbé de Polignac. Il fe flatta d'y réunir tous les fuffrages en faveur d'un Prince que fon mérite perfonnel rendoit digne de plus d'une couronne, & ce fut fans doute ce qui contribua le plus à le tromper. Le fuccès qu'il s'étoit promis, & qu'il avoit annoncé, s'évanouit entre fes mains par une fatalité que fa difcrétion ne permettoit pas d'approfondir; & il en fut d'autant plus affligé, qu'il ignoroit avec le monde entier, qu'il étoit dans les décrets de la Providence, que cet évenement-là même en produiroit quelque jour un autre beaucoup plus avantageux à la France. Il revint donc accablé de fon infortune comme d'une calamité publique; & retiré à fon Abbaye de Bon-Port, il y paffa trois années entiéres enveloppé dans fa vertu, & n'ayant de commerce qu'avec les Muses.

La veritable gloire d'un Ambaſſadeur ſe tire certainement du plein ſuccès de ſes négociations ; mais ce ſuccès n'eſt pas toujours aiſé à démêler, & le plus ou moins de ſatisfaction qu'on lui marque à ſon retour, n'eſt pas non plus une régle toujours exempte d'erreur. De nouveaux intérêts ſurvenus dans un court intervalle, exigent quelquefois de plus grands ſacrifices ; & le Public ne ſe trouve à portée d'en juger, que lorſqu'après des ſiécles entiers, le voile qui couvroit les myſtères de l'État, ſe déchire, & tombe, pour ainſi dire, de lui-même.

Il est une ſorte de preuve moins lente & moins équivoque de l'eſtime du Prince pour le Miniſtre qu'il a paru négliger ; c'eſt quand il ne l'oublie pas long-tems, quand il le rappelle de lui-même, qu'à ſon retour il le comble d'honneurs & de bienfaits, qu'il l'emploie de nouveau dans des occaſions plus délicates, & pour des affaires encore plus importantes que celles dont il l'avoit d'abord chargé.

C'est ce qui arriva à M. l'Abbé de Polignac. Revenu de Pologne en 1698, il reparut à la Cour en 1702 avec cet éclat que la faveur elle-même ne donne, que lorſqu'elle ſuccede à la diſgrace & qu'elle ſemble vouloir l'expier. Le Roi lui conféra deux nouvelles Abbayes ; il lui fit avoir la nomination d'Angleterre au Chapeau de Cardinal: & pour le mettre plus à portée de faire valoir cette nomination, il l'envoya en qualité d'Auditeur de Rote à Rome, où il l'associa au Cardinal de la Tremoille dans un Ministère que la situation des affaires d'Italie rendoit extrêmement difficile.

Ce n'est pas tout : aux premiéres espérances que le Roi conçut de la Paix qu'il étoit déterminé de donner à ses Peuples à quelque prix que ce pût être, il fit revenir M. l'Abbé DE POLIGNAC pour l'envoyer avec M. le Maréchal d'Uxelles à Gertruydemberg. Il lui sçut gré de la maniére dont il y avoit ouvert les conférences, & de la noblesse avec laquelle il les avoit rompues; & quand la Victoire qui s'étoit égarée sous des Drapeaux étrangers, eut fait naître par son retour de plus justes idées aux ennemis de la France, le Roi choisit encore M. l'Abbé DE POLIGNAC pour son Plénipotentiaire au Congrès d'Utrecht, où se conclut enfin le Traité qui rendit à la Nation sa première splendeur, & couvrit d'une nouvelle gloire les derniéres années du règne de Louis le Grand.

Ce fut pendant la tenue de ce Congrès que Clément XI. qui avoit connu très-particuliérement M. l'Abbé DE POLIGNAC pendant son séjour à Rome, le créa Cardinal *in petto* dans un Consistoire semi-public. Le Pape eut la délicatesse de ne le déclarer que huit grands mois après, pour lui laisser tout le tems de consommer le précieux ouvrage de la Paix ; & ce fut par une délicateſſe à peu-près ſemblable, qu'avec l'agrément du Roi M. l'Abbé DE POLIGNAC quitta la Hollande ſans avoir mis ſa derniére ſignature au Traité, parce que ce Traité achevoit de ruiner les eſpérances du Prince à qui il devoit ſa nomination au Cardinalat, & à qui il ne pouvoit donner d'autres marques de ſon attachement & de ſa reconnoiſſance.

A SON retour, il fut encore comblé des graces du Roi, & des éloges de la Cour; mais le Roi mourut, & à ſa mort la Cour prit une face toute nouvelle. M. le Cardinal DE POLIGNAC n'eut plus de part aux affaires; ſa retraite à Anchin ſuivit de près la ſignature du Traité de Londres, & dura juſqu'à la mort du Miniſtre qui l'avoit conclu. Celle du Pape Innocent XIII. qui arriva peu de tems après, l'obligea d'aller au Conclave, où Benoît XIII. fut élu. Il contribua beaucoup à ſon exaltation ; & le Roi qui étoit parvenu à ſa majorité, honorant alors le Cardinal DE POLIGNAC de la même confiance que ſon Biſayeul, voulut qu'il reſtât à Rome en qualité de Miniſtre de France. On ſçait que pendant huit années entiéres, il en a rempli les fonctions avec autant de dignité que d'intelligence, & avec une telle ſatisfaction des deux Cours, qu'en ſon abſence le Roi le nomma à l'Archevêché d'Auſch, & à une place de Commandeur de ſes Ordres ; & que Benoît XIII. & Clément XII. ſon ſucceſſeur, non contens de l'employer dans les principales Congrégations, le conſultoient ſur leurs propres affaires, tandis qu'il traitoit auprès d'eux celles du Roi.

Tel fut l'homme d'État dans M. le Cardinal de Polignac ; & si nous ne l'avons pas représenté tout-à-la-fois comme homme de Lettres, lui qui ne sépara jamais l'un de l'autre, c'est que ce rare assemblage, cet heureux mêlange, qui a toujours fait la grandeur de son caractère & le charme de sa société, ne pouvoit sans quelque confusion, passer à chaque instant dans le récit abrégé de sa vie.

Il avoit joint à d'excellentes études une conception vive, & cette heureuse avidité de sçavoir, qui allant au-devant des principes, les saisit comme par instinct, les développe & les enchaîne dans l'ordre qu'ils doivent naturellement avoir pour être plus solides ou plus lumineux.

Son eloquence simple & naïve en apparence, trouvoit au besoin toutes les richesses de l'expression ; & les graces de la Personne ne contribuoient pas peu aux victoires de l'Esprit.

Nous avons déja vû un grand Pape se plaindre agréablement d'une espéce de séduction de sa part ; un grand Roi avouer qu'il avoit pu le contredire sans lui déplaire : peu s'en fallut qu'en Pologne même, par le seul talent de la parole, il ne renversât les montagnes d'or & d'argent qu'on lui opposoit.

L'Academie Françoise en jugea ainfi ; & elle n'héfita pas à le dire, quand au retour de Pologne & de l'Abbaye de Bon-Port, elle choifit M. l'Abbé de Polignac pour fuccéder au célebre Evêque de Meaux Boffuet, qu'elle venoit de perdre.

Son Difcours de réception, quoiqu'affujetti comme les autres à la formule de certains Eloges confacrés que le tems fait vieillir, & que le nombre même affoiblit, brille d'ailleurs de tant de beautés, qu'on le met encore au rang des chefs-d'œuvre, & qu'on le lit toujours avec un nouveau plaifir.

Mais ce n'étoit pas feulement fa Langue naturelle, qu'il parloit avec élégance & facilité ; il poffédoit de même la plûpart des Langues vivantes, & en particulier celles des différentes Cours où il avoit été. Il fçavoit bien la Langue Grecque ; & il avoit fi heureufement cultivé la Latine, qu'il en auroit pu donner des préceptes comme Varron, & des exemples comme Ciceron : il n'en faudroit pas d'autre preuve que les Difcours Latins qu'il a prononcés à Rome en différentes occafions, celui furtout qu'il prononça en prenant poffeffion de fa place d'Auditeur de Rote.

C'etoit peu de tems après un tremblement de terre qui avoit fait entr'ouvrir le Dôme de Saint Pierre, & jetté dans Rome une confternation générale : tout s'étoit réfugié dans les jardins ou dans les places publiques ; Clément XI. feul profterné au pied des Autels, demandoit tranquillement à Dieu de ne prendre que lui pour victime de sa colère; & à peine eut-il achevé sa priére, que la terre se raffermit, & que le peuple se rassûrant enfin, sembla moins occupé du danger qu'il avoit couru, que du dévouement & de la piété du Saint Pere à qui il croyoit devoir sa conservation. M. l'Abbé DE PO-LIGNAC peignit cet évenement avec des couleurs si vives & si touchantes, qu'on eût dit qu'il se re-nouvelloit : on vit la consternation se répandre su-bitement, le calme y succéder peu à peu, & les transports de joie, de reconnoissance, éclater com-me dans le tems même où la chose s'étoit passée.

UN AVANTAGE singulier que M. le Cardinal DE POLIGNAC a eu sur les Orateurs Latins des meil-leurs siécles, c'est qu'il excelloit également dans la Poësie; & ce n'est pas une réputation fondée, com-me beaucoup d'autres, sur quelques Odes, sur quelques Élégies, quelques Épîtres, & de moin-dres Piéces encore : elle est établie sur un des plus grands Poëmes qui ayent été entrepris depuis la re-naissance des Lettres, un Poëme de dix à douze mille Vers, où sont traitées les plus importantes matiéres de la Religion, de la Physique & de la Morale; où l'Auteur égal à Lucrece pour la versi-fication, mais bien supérieur pour la Doctrine, après avoir déterminé contre le sentiment de ce Poëte, contre celui d'Épicure & de ses Sectateurs, en quoi consiste le souverain bien; quelle est la nature de l'Ame, soit dans les hommes, soit dans les animaux;

ce que l'on doit penfer des Atômes, du Mouvement, du Vuide, tire de l'éclairciffement même de ces queftions fublimes, l'exiftence réelle & néceffaire d'un Dieu Créateur & Confervateur perpétuel de l'Univers.

LES PLUS grands Ouvrages doivent fouvent leur naiffance au hazard, & telle fut l'origine de celui-ci. En revenant de Pologne, M. l'Abbé DE POLIGNAC s'étoit arrêté quelque tems en Hollande, & y avoit fait connoiffance avec le fameux Bayle, qui étant alors au fort de fes difputes contre les Miniftres Jaquelot & Jurieu, ne parloit d'autre chofe. M. l'Abbé DE POLIGNAC prit cette occafion de lui demander ce qu'il penfoit fur certaines matiéres, & à laquelle des Sectes qui regnoient le plus en Hollande, il s'étoit particuliérement attaché. Bayle éluda la queftion par quelques vers de Lucrece qui paroiffoient n'y avoir qu'un rapport éloigné. Preffé de nouveau, il fe contenta de répondre qu'il étoit bon Proteftant, ce qui ne fignifioit pas davantage. Plus preffé encore, il répéta avec une forte d'impatience : *Oui, Monfieur, je fuis bon Proteftant, & dans toute la force du mot; car au fond de mon ame, je protefte contre tout ce qui fe dit & tout ce qui fe fait;* & cette déclaration finguliére fut encore accompagnée d'un paffage de Lucrece plus étendu & plus énergique que le premier. M. l'Abbé DE POLIGNAC frappé du ton & des circonftances, fe remit à la lecture de Lucrece ; il conçut que la réfutation de fon fyftême feroit utile à la Religion, à l'Humanité même, & il l'entreprit dans fa retraite.

Quand il revint à la Cour, combien de fois ne lui fallut-il pas redire à quoi il s'étoit occupé pendant fon féjour à Bon-Port ? Il lui échappa de parler de l'Anti-Lucrece; & quoiqu'il n'en parlât que comme d'une légère ébauche, chacun vouloit voir ce Poëme, & le qualifioit d'avance de merveilleux & de divin. Il ne put fe défendre d'en communiquer un peu plus, un peu moins; le moins étoit pour les fimples curieux, le plus étoit, ou pour des Perfonnes d'un rang élevé, à qui il ne pouvoit rien refufer, ou pour des amis dont il efpéroit recevoir de nouvelles lumiéres. L'indifcrétion ou l'infidélité multipliérent bien-tôt ces copies, & en les multipliant, elles les rendirent toujours plus défectueufes. Divers Journaux en publiérent des fragmens : le bruit fe répandit que deux Princes infiniment refpectables en avoient commencé la traduction; & on vit enfin une analyfe fommaire de l'Ouvrage entier dans le fecond volume de la Bibliotheque des Rhéteurs du Pere le Jay.

Mais fi ces copies, tout imparfaites qu'elles étoient, exciterent il y a trente ans l'admiration des Connoiffeurs, quel accueil ne feront-ils point au véritable Anti-Lucrece que M. le Cardinal de Polignac a comme refondu depuis ce tems-là, & qu'il n'a ceffé de revoir, de corriger ou d'embellir, jufques dans les derniers inftans de fa vie ? Il y ajouta encore quelques Vers trois jours feulement avant sa mort, & il les dit; mais sa voix étoit déja si foible, qu'on n'osa les lui faire répéter, & on n'a retenu que celui par lequel il terminoit la comparaison de l'homme voluptueux, toujours agité, toujours inquiet au sein même des plaisirs, avec le malade qui dans le lit où il est retenu, cherche inutilement une place qui puisse le calmer:

Quæsivit strato requiem, ingemuitque negatâ.

Sa dernière attention, & ce n'est pas la moindre, a été de remettre son Ouvrage entre les mains d'un ami fidéle, d'un illustre Académicien, dont le zéle & la capacité sont si connus, que la République des Lettres en corps n'auroit pu faire un meilleur choix.

Il est rare sans doute de trouver l'Orateur & le Poëte aussi éminemment réunis dans la même personne, qu'ils l'étoient dans M. le Cardinal de Polignac; mais c'est une espece de prodige que d'y trouver en même tems un Antiquaire consommé, & il l'étoit.

A des suites nombreuses de Médailles de toutes les grandeurs & de tous les métaux, il avoit ajouté une superbe collection de Statues, de Bustes, Bas-reliefs, & autres Monumens antiques, qui pour la plûpart étoient le fruit de ses découvertes. Il en fit une considérable pendant son dernier séjour à Rome. Il sçut qu'un particulier qui faisoit bâtir une ferme entre Frascati & Grotta Ferrata, s'étoit trouvé arrêté en creufant fes fondations, par des reftes d'anciens murs fort épais, & qu'il étoit comme impoffible de détruire. M. le Cardinal DE POLIGNAC y alla; & s'étant bien orienté, il fe perfuada qu'il étoit fur l'emplacement même de la Maifon de Campagne de Marius. Il fit fouiller, & la premiére chofe que l'on découvrit, vérifia fa conjecture; car ce fut un fragment d'Infcription du cinquiéme Confulat de Marius. On continua la fouille, & à l'ouverture du plus gros mur, fe préfenta un magnifique Sallon orné entre autres de dix Statues de grandeur naturelle, du plus beau travail & du plus beau marbre, qui formoient enfemble l'hiftoire d'Achille reconnu par Ulyffe à la Cour du Roi Lycomede. Ces Statues ne font qu'une partie de fon Recueil.

CE FUT auffi fous fes yeux, que fe fit la découverte du Palais des Céfars dans les Jardins de la Vigne Farnèfe fur le Mont Palatin. Il excita M. Bianchini à en faire la defcription, & il l'aida fort dans cet ouvrage qui n'a été publié que depuis quelques années. M. le Duc de Parme qui avoit ordonné les travaux, fit préfent à M. le Cardinal DE POLIGNAC d'un des plus beaux morceaux qui furent trouvés: c'étoit un Bas-relief de quatorze figures, repréfentant une fête d'Ariane & de Bacchus; il étoit enchaffé dans la plus haute marche de l'Eftrade fur laquelle fe plaçoient les Empereurs, quand ils donnoient des audiences publiques. Il eut encore les prémices, c'eft-à-dire, les plus belles

Urnes

Urnes du Caveau de Livie que l'on découvrit en 1730. & il connoiſſoit ſi parfaitement l'ancienne Rome, que ſi elle s'étoit tout-à-coup relevée ſur ſes ruines, il auroit pû y viſiter les plus grands per-ſonnages de la République, ſans guide comme ſans interpréte. Il diſoit quelquefois qu'il n'auroit ſou-haité être le maître de cette capitale du monde, que pour détourner pendant une quinzaine de jours le cours ordinaire du Tibre depuis Pontemole juſqu'au Mont Teſtacio, & en retirer les Statues, les Tro-phées, & les autres Monumens qui y avoient été précipités dans le tems des Factions, des Guerres Civiles, & de l'incurſion des Barbares; & quoique ce ne fût qu'une idée, il avoit fait niveler le ter-rain des environs, & pris toutes les notions conve-nables à l'exécution de ce projet. Il auroit auſſi voulu faire creuſer les ruines du Temple de la Paix brûlé ſous l'empire de Commode, dans l'eſ-pérance d'y trouver le Chandelier, la Mer d'airain, & tous ces vaſes précieux que l'Empereur Tite y avoit dépoſés après ſon triomphe de la Judée.

On nous pardonnera de nous être un peu éten-dus ſur des objets qui ſont particuliérement du reſſort de cette Académie, où depuis vingt-cinq ans M. le Cardinal DE POLIGNAC occupoit une place diſtinguée entre les Honoraires. En échange nous nous abſtiendrons de parler des connoiſſances qu'il avoit acquiſes dans les différentes parties de la Phyſique & des Mathématiques, & qui lui avoient mérité une ſemblable place à l'Académie

B

des Sciences : il y recevra, & c'est là seulement qu'il peut recevoir à cet égard un tribut de loüanges véritablement dignes de lui.

Mais ce que les deux Académies célébreront toujours à l'envi, c'est son amour pour les exercices qui leur sont propres, son assiduité aux Assemblées, la douceur de son commerce, & les charmes de sa conversation.

Fait pour donner le ton, il sembloit toujours le prendre. Son génie aisé, &, pour ainsi dire, maniable, se laissoit en quelque façon saisir, étendre, rétrécir au gré de ceux qui l'approchoient : s'il se plaisoit quelquefois à disputer sur ce qui étoit susceptible de dispute, ce n'étoit jamais pour faire prévaloir son sentiment ; il ne vouloit y amener que par la force des raisons : & si l'universalité de ses connoissances le rendoit inférieur en certaines choses à ceux qui en avoient fait une étude particuliére, ils étoient eux-mêmes étonnés de le trouver toujours en état d'en parler sur le champ avec justesse, de leur faire des objections solides, & de leur fournir souvent de nouvelles preuves.

Il n'étoit ni jaloux, ni vindicatif, quoiqu'il fût tendre & reconnoissant à l'excès ; les plus petits soins que demande la haine, lui auroient été à charge, & il sembloit n'être fait que pour aimer & pour être aimé.

Quand il alla à Anchin, il étoit en procès avec les Religieux de cette Abbaye, qui ne l'avoient jamais vû. A son aspect les inimitiés, les différends cesserent; ils lui rendirent des respects qu'il n'exigeoit pas; ils voulurent absolument se charger de toute la dépense de sa Maison; & M. le Cardinal DE POLIGNAC touché d'un procédé si peu attendu, y répondit par une générosité dont il étoit seul capable: il leur abandonna les revenus de l'Abbaye à moitié moins qu'on ne lui en offroit d'ailleurs: pour les augmenter encore, il fit dessécher une prodigieuse étendue de marais qui devinrent aussi-tôt d'un grand rapport; & tandis que des profits de la Manse Abbatiale ces Peres élevoient pour eux un édifice immense, il fit reconstruire à neuf une partie de leur Église, où dans sa derniére maladie il ordonna que son cœur seroit porté.

Nous passons mille autres traits pour dire enfin, qu'après une vie assez longue pour les hommes ordinaires, mais trop courte & pour lui & pour nous, il en a vû le terme fatal d'un œil tranquille, & que n'ayant d'autres craintes que celles qui sont inséparables de la Religion, il mourut le 20. Novembre dernier, âgé de quatre-vingts ans, un mois & neuf jours.